BAR ROB ROY

ニューウェーブ
カクテル テクニック

New Wave Cocktail Technic

はじめに

なぜこの本を出版しようと思ったのかを、まず皆さんにお話しておきます。
私のバーテンダーとしてのスタートは非常に早く、10代の後半からになります。
20代から12年間毎年カクテルのコンクールにも出場してきました。
バーテンダースクールを卒業して、コンクールなどを通じ、バーテンダーの基本の技術を勉強してきたように思います。

そして現在、カクテルを創作するにあたり、色々な素材や器具が少し前に比べると容易に手に入るようになり、カクテルの幅もかなり広がってきたように思います。
普段の営業では季節の素材を使い、従来のカクテルより一手間かけて創作したカクテルがお客様に大変喜ばれています。

今までに学んできた基本的な技術と、現代的な新しい技術を、うまく組み合わせて時代にあった新しいカクテル作りの提案が出来ないかと思い、この本を出版しようと思いました。

この本のテーマは「温故知新」。
私たちの先輩バーテンダーの技術、知恵を大事にし、その上で新しいカクテルを考えるという、皆様のヒントになれば大変うれしく思います。

坪井吉文

- 3 はじめに
- 4 目次

第1章
カクテル製作における器具の説明と取りあつかい方

- 8 器具の説明　ペティーナイフ／茶こし／バースプーン
- 9 ハンドジューサー／ジューサー
- 10 ボストンシェーカー／バーズネスト
- 11 ペストル
- 12 ボストンシェーカーの使用方法
- 14 ボストンシェーカーの振り方①
- 16 ボストンシェーカーの振り方②

第2章
フレッシュフルーツカクテル

- 20 キウイフルーツのカクテル
- 22 フルーツトマトのブラッディーマリー
- 24 ブルーベリーとバジルのカクテル
- 26 フレッシュマンゴーのシャンパンカクテル
- 28 フレッシュピーチのベリーニ
- 30 巨峰とグレープフルーツのカクテル
- 32 リンゴとニンジンのカクテル
- 34 スイカのソルティードッグ
- 36 キンカンのジントニック
- 38 梅酒としそのカクテル

41 第3章
スタンダードアレンジカクテル

- 42 バーバラ
- 44 モヒート
- 46 ジンフィズ
- 48 グラスホッパー
- 50 サイドカー
- 52 マティーニ
- 54 モスコミュール
- 56 フローズンダイキリ
- 58 ホワイトレディー
- 60 ロングアイランドアイスティー
- 62 ダイキリ

65 第4章
ROB ROY オリジナルカクテル

- 66 赤富士
- 68 ストロベリーフェスタ
- 70 エルカミーノ
- 72 フォレストヴォイス
- 74 アンドラ
- 76 心海
- 78 シトラスウインド
- 80 おつかれカクテル

- 82 あとがき
- 84 店舗紹介
- 86 著者紹介

第 1 章

カクテル製作における器具の説明と取りあつかい方

器具の説明
ボストンシェーカーの使用方法
ボストンシェーカーの振り方①
ボストンシェーカーの振り方②

1. 器具の説明

ペティーナイフ

フルーツをカットすることが多いのでさびの出ないステンレス製のものがよい。
鋼の刃をステンレスでコーティングしてあるものもよい。写真は私のペティーナイフだが、和製のペティーナイフで非常に軽く刃が薄いためにスライスやフルーツをくり抜く作業に適しているために長年使っている。

茶こし

ブランデー・ウイスキーベースなどのショートカクテルを作る時、氷片を取り除くためによく使用する。
又、クリーム系のカクテル製作時に使用するとキメが細かくて、口当たりのよいカクテルとなる。

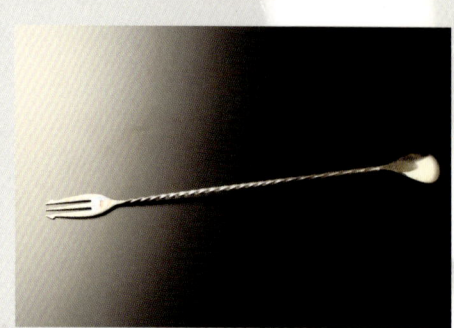

バースプーン

一見すべて同じように見えるが微妙に形状が異なっている。
私は写真のネジの部分が細かくなっているものを好んで使っている。

ハンドジューサー

パイナップルやベリー系のフルーツの果汁をしぼる時に使用する。

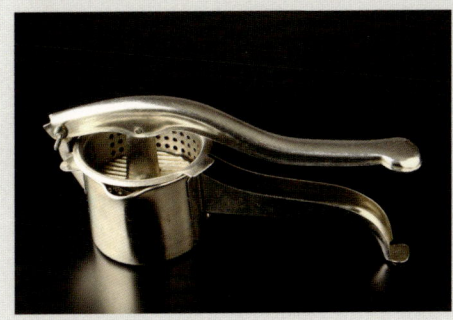

ジューサー

ニンジンやリンゴ、キュウリなどのハンドジューサーやスクイザーでしぼれないフルーツや野菜の時に使用する。

ボストンシェーカー

ステンレスのティンと強化ガラスのパイントグラスで出来ている2ピースのシェーカー。フルーツを使用するカクテルを製作する時に最適。

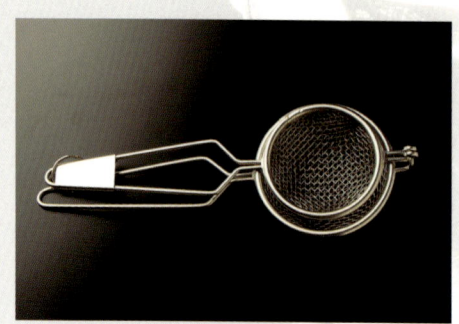

バーズネスト

粗目の網が2重になっていてボストンシェーカーと併用して使うことが多い。

ペストル

フルーツやハーブをつぶす時によく使う木製の棒。
ガラス製のものもある。

2. ボストンシェーカーの使用方法

ボストンシェーカー

ボストンシェーカーは2ピースシェーカーとも呼ばれ、パイントグラスとティン2つのパーツからなるシェーカーである。フルーツの果肉をつぶしたりするカクテル製作には最適である。海外では非常にポピュラーなシェーカーである。

振り方もさまざまな振り方がありますので、ここではスタンダードな基本的な振り方と私が考えました振り方の2つの振り方を紹介します。皆さんも自分の体にあった振り方を身に着ける事をお勧めします。

写真1

基本の使い方

1. ティンに氷を5分目から6分目入れる。水をかけ氷を洗うと同時にティンとパイントグラスを冷やす。ストレーナーをかぶせ水気をよく切る。

2. パイントグラスに材料を入れる。その際にフルーツや香草などを潰すときは先に入れて、ペストルで潰してからお酒などその他の材料を入れる。

3. パイントグラスに入っている材料を氷の入っているティンに移し、同時にパイントグラスをティンにはめ込む。(その時に写真1のようにパイントグラスを上から叩いて斜めにはめる)

4. 右手でパイントグラスを持ち（写真2のところを持つのがコツ）左手でティンを持ち2段に手首を使いしなやかに振る。

5. 振り終わったらティンの部分を下にして写真3の部分を右手の手のひらの付け根で軽く叩く。

6. パイントグラスを外しティンにストレーナーをかぶせ、必要な場合（フルーツなどを漉す場合）にはバーズネスト（漉し器）を使いグラスに注ぐ。

写真2

写真3

ボストンシェーカーの振り方 ①

ボストンシェーカーの振り方はいろいろあるが、この振り方が一番スタンダードな振り方だろう。始めは、この振り方をマスターしたほうがよい。写真はこのように腕全体と手首しなやかに2段に振り分ける。

ボストンシェーカーの振り方 ②

私の考えた振り方だが、スタンダードな振り方よりも、よりハードシェークが出来る利点がある。酸味の強いカクテルなどを製作する時には、より空気が液体に入りまろやかになるので向いていると思う。

How to use 17

第 2 章

フレッシュフルーツカクテル

フレッシュフルーツを使用したカクテル

キウイフルーツのカクテル
フルーツトマトのブラッディーマリー
ブルーベリーとバジルのカクテル
フレッシュマンゴーのシャンパンカクテル
フレッシュピーチのベリーニ
巨峰とグレープフルーツのカクテル
リンゴとニンジンのカクテル
スイカのソルティードッグ
キンカンのジントニック
梅酒としそのカクテル

Kiwi Fruits
キウイフルーツのカクテル

コアントロー	30 ml
グレープフルーツジュース	20 ml
シュガーシロップ（カリブ）	5 ml
レモンジュース	5 ml
ブルーキュラソー	1 tep
キウイフルーツ	1個分
レモンスライス	2枚（薄め）
トニックウォーター	少々

1. キウイフルーツの皮をむき、小さくカットする。
2. ボストンシェーカーのパイントグラスの部分にカットしたキウイフルーツとレモンスライスを入れてペストルでつぶす。
3. 2以外の材料もパイントグラスに入れる。（トニックウォーターを除く）
4. ティンの部分に氷を入れてパイントグラスをはめ込み、シェークして氷を1つ入れた大ぶりのカクテルグラス又はロックグラスに注ぐ。（その時好みでバーズネストを使ってもよい）
5. トニックウォーターでupする。

― ポイント ―

1. 材料のキウイフルーツを選ぶ時に、熟れてやわらかくなっている状態のものを使う。
   （まだ熟れていない時は常温で数日おいておくとよい）
2. ペストルでキウイフルーツをつぶす時に、なるべくよくつぶしてキウイフルーツをペースト状にするとよい。又レモンスライスは薄めにスライスして、キウイフルーツをほとんどつぶし終わったタイミングで入れる。
   （レモンはあまりつぶしすぎると皮の渋みが出るため）
3. ブルーキュラソーを1tep入れるのは、キウイフルーツにグレープフルーツやレモンジュースを入れると色がくすんでしまうのでブルーキュラソーでキウイフルーツ本来のあざやかな色彩を取り戻す意味がある。
4. レモンスライスなどのかんきつ類のスライスをシェーカーの中に入れてつぶすと渋みが出てしまう場合がある。それをおさえてバランスのよいカクテルにするために、少々のトニックウォーターを入れると良い。

Fresh Fruits Cocktail

Fruits Tomato
フルーツトマトのブラッディーマリー

ペッパーウォッカ(アブソルート)	30 ml～45 ml
フルーツトマト	2～3個
ウスターソース	1 dash
トマトジュース	60 ml～90 ml
バジル	2枚
塩・コショー	少々

1. フルーツトマトはあらかじめ皮を湯むきしておく。（包丁で皮をむいてもよい）
2. ボストンシェーカーのパイントグラスの部分に、皮をむいたフルーツトマトとバジルを入れてペストルでつぶす。
3. 2の材料以外もパイントグラスに入れる。
4. ティンの部分に氷を入れ、パイントグラスをはめ込みシェークして、氷を入れたロックグラスにバーズネストで漉して注ぐ。
5. バジルをグラスに飾る。

ポイント

1. フルーツトマトは鮮度のよいものを選ぶ。（古くなると中がスカスカになる）
2. フルーツトマトとバジルをペストルでつぶす時には、バジルは後から入れる。（バジルをつぶしすぎると味にえぐみが出ることがある）
3. フルーツトマトの味をいかすために、塩・コショーは入れすぎないようにする。
4. トマトジュースだけでもよいが、クラストジュースがあればブレンドして使うと味に深みが出る。（その際には、塩・コショーはひかえめにする）

裏技：塩のかわりにこぶ茶（粉末状のもの）を使うと味に深みがさらに出る。

Fresh Fruits Cocktail

Blueberry and Basil
ブルーベリーとバジルのカクテル

自家製しょうがウォッカ	30 ml ～ 45 ml
ブルーベリー	10 個～ 12 個
しょうがスライス	2 枚(薄め)
バジル	2 枚
ブルーベリーシロップ又はカシスシロップ	5 ml ～ 10 ml
トニックウォーター	適量
ライムシャット	適量

1 ブルーベリー、しょうがスライス、バジルをボストンシェーカーのパイントグラスの部分に入れてペストルでつぶす。

2 1以外（トニックウォーターを除く）の材料もパイントグラスに入れる。

3 ティンの部分に氷を入れ、パイングラスをはめ込み、氷を入れたロックグラスにバースネストで漉して注ぐ。

4 トニックウォーターでupする。

5 ライムシャットをしぼり入れる。

── ポイント ──

1 ブルーベリー・しょうがスライス・バジルをペストルでつぶす時あまり強くつぶさない。（えぐみが出ることがある）特にブルーベリーは少々多目に入れて使うとおいしくできる。

2 使っている自家製しょうがウォッカは、しょうがの皮をむき、カットしてウォッカにつけ込み、1ヶ月から2ヶ月たったものを使う。（季節にもよるが3ヶ月以上つけ込むとえぐみが出ることがあるのえその場合はしょうがを取り出しておく）

Fresh Mango
フレッシュマンゴーの
シャンパンカクテル

モエ・エ・シャンドン（シャンパン） ……………… 90 ml
マンゴー ……………………………………………… 1/4 個
マンゴーシロップ（テセール） ……………… 5 ml～10 ml
オレンジジュース …………………………………… 20 ml

1 皮をむいたマンゴー・マンゴーシロップ・オレンジジュースとシャンパンの分量の半分（45ml）をミキサーでまぜる。（マンゴーシロップはマンゴーの甘みによって調節する）

2 ミキサーでまぜた材量を茶こしで漉す。
※ここがポイント！

3 2をシャンパングラスに移し、残りのシャンパン（45ml）を注ぐ。

── ポイント ──

2の作業は除いてもよいのだが、手間をかけてでも是非やってもらいたい。出来あがりのなめらかさが全然ちがう！

Fresh Fruits Cocktail

フレッシュピーチのベリーニ

Fresh Peach

モエ・エ・シャンドン（シャンパン）	90 ml
桃	1/2個
シュガーシロップ（カリブ）	1 tep
グレナディンシロップ（テセール）	1 tep

1　皮をむいた桃・シュガーシロップ・グレナディンシロップとシャンパンの分量の半分（45ml）をミキサーでまぜる。

2 ミキサーでまぜた材量を茶こしで漉す。
   ※ここがポイント！

3 2をシャンパングラスに移し、残りのシャンパン（45ml）を注ぐ。

Fresh Fruits Cocktail

Kyoho and Grape Fruits
巨峰とグレープフルーツのカクテル

ブランデー（フラパン VSOP）	30 ml
巨峰	8 個〜 10 個
カシスシロップ（テセール）	1 tep
グレープフルーツ	1 / 4 個

― ポイント ―

巨峰をハンドジューサーでしぼる際に、私は半分の量の巨峰の皮をむくことにしている。好みにもよるが皮の渋みが出すぎてしまうことがある。

1　グレープフルーツ 1/4 個を厚めにスライスして、ボストンシェーカーのパイントグラスの部分に入れてペストルでつぶす。

2　巨峰をハンドジューサーでしぼり、ジュースを作る。巨峰ジュースとブランデー・カシスシロップをパイントグラスに入れる。

3　ティンの部分に氷を入れてパイントグラスをはめ込み、シェークして氷を 1 つ入れた大ぶりのカクテルグラス又はロックグラスにバーネストで漉して注ぐ。

4　飾りの巨峰をカクテルグラスに飾る。

Fresh Fruits Cocktail

Apple and Carrot
リンゴとニンジンのカクテル
−ビネガー風味−

コアントロー	30 ml ～ 45 ml
リンゴ	1 個
ニンジン	1/2 本
ハチミツ	1 tep
リンゴ酢	10 ml
トニックウォーター	適量
レモンスライス	1 枚

1 リンゴ・ニンジンをジューサーに入る大きさにカットして、ジューサーでジュースを作る。

2 1のジュースと上記のレシピ（トニックウォーター・レモンスライス以外）をシェーカーに入れ、シェークして氷を入れたタンブラーに注ぐ。

3 トニックウォーターでupしてレモンスライスを飾る。

Fresh Fruits Cocktail

Watermelon
スイカのソルティードッグ

ウォッカ	30 ml 〜 45 ml
スイカ	1/8 個
レモンジュース	1 tep
シュガーシロップ（カリブ）	1 tep
塩（スノースタイル用）	

1 スイカ1/8をカットして、ボストンシェーカーのパイントグラスの部分に入れてペストルでつぶす。

2 1以外の上記の材量（塩を除く）もパイントグラスに入れる。

3 ティンの部分に氷を入れパイントグラスをはめ込み、シェークして塩でスノースタイルににしたグラスにバーズネストで漉して注ぐ。

kumquat
キンカンのジントニック

ジン	30 ml 〜 45 ml
キンカン	2個〜3個
トニックウォーター	適量

1. タンブラーにキンカンを2個から3個入れて、ペストルで軽くつぶす。(この時につぶしすぎに注意)
2. 1のタンブラーに氷を入れてジンを注ぎ、軽くステアする。

ポイント

1. キンカンをつぶす時には、あまりつぶしすぎると皮の渋みが強く出るので注意する。

2. 使用するジンは常温又は冷蔵庫で冷やしたものを使う。(冷蔵庫で冷やしてあるものは比重が重くなっているので、まざりにくいのと香りが閉じこもってしまっているのでビルドのカクテルには向かない)

3. トニックウォーターは冷えているものを使い、upしたらステアは炭酸が抜けないように1〜2回にとどめる。

Fresh Fruits Cocktail

Ume and Perilla
梅酒としそのカクテル

梅酒	45 ml
しそ（大葉）	10 枚
レモンジュース	1 tep
辛口ジンジャーエール（ウイルキンソン）	適量

1. しそ（大葉）を 10 枚軽くちぎってシェーカーに入れ、ペストルでつぶす。

2. 梅酒・レモンジュースを 1 のシェーカーに入れ、シェークして氷の入ったタンブラーに注ぐ。（この時しその細かいつぶが出るので気になる場合は茶こしで漉して注ぐ）

3. 辛口ジンジャーエールで up して、軽く 1 ～ 2 回ステアしてしそを 1 枚飾る。

ポイント

1 の作業の時にしそ（大葉）がつぶしにくい場合は少量のソーダ又は辛口ジンジャーエールを加えるとしそ（大葉）のエキスが出やすい。

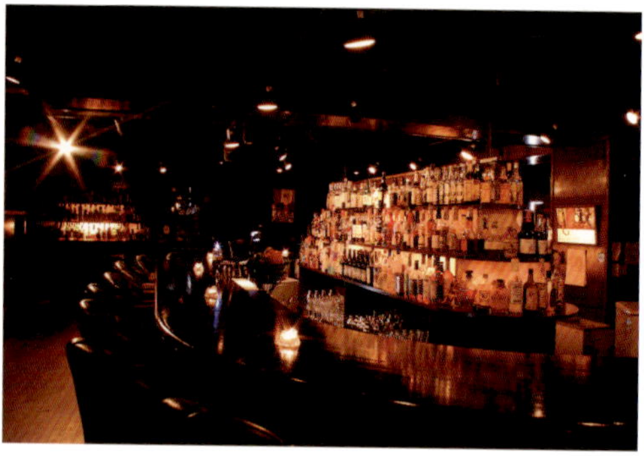

第 3 章

スタンダードアレンジカクテル

従来あるスタンダードカクテルをアレンジしたカクテル

バーバラ
モヒート
ジンフィズ
グラスホッパー
サイドカー
マティーニ
モスコミュール
フローズンダイキリ
ホワイトレディー
ロングアイランドアイスティー
ダイキリ

Barbara
バーバラ

自家製コーヒーウォッカ	20 ml
カカオリキュール（モーリン）	20 ml
生クリーム	20 ml

1　上記の材量をシェーカーに入れシェークして、茶こしで漉してカクテルグラスに注ぐ。

ポイント

1. 自家製のコーヒーウォッカは、ウォッカに好みのコーヒー豆を適量入れて1ヶ月くらいたったものを使用する。個人的な意見だが、コーヒー豆は酸味の少ないもので、コクのある物を使用すると良い。

2. バーバラに限らず、生クリーム系のカクテルはシェーカーに注ぐ時に茶こしで漉すと、クリーミーでキメの細かなカクテルに仕上がる。

3. 【自家製コーヒーウォッカ 30ml・カカオリキュール 15ml・生クリーム 15ml】にするとより大人向けのカクテルになるので、好みで多少レシピの調節をするとよい。

2 仕上げにコーヒー豆をミルでひいて、カクテルに振りかける。

Mojito
モヒート

ハバナクラブ3年	45ml
ライム	1/2個
シュガーシロップ(カリブ)	8ml
スペアミント	少々
ペパーミント	少々

1. グラスにスペアミントとペパーミントをちぎって入れる。
2. 1に少量のソーダ(約10ml)を入れて、ペストルでよくつぶす。
3. 2に細かくカットしたライム1/2個を入れてペストルでよくつぶし、シュガーシロップを加え味をみる。
4. クラッシュドアイスを加え、ハバナクラブ3年を加えよくまぜ合わせる。
5. 飾り用のスペアミント・ペパーミントを飾り、ストローをさす。

ポイント

1. 清涼感だけでなく甘さもあるスペアミントと、香りの高いペパーミントをブレンドして使用するが、ミントの清涼感をより出したい時には、ペパーミントの比率を高くするとよいだろう。又アップルミント、オレンジミント、ベルガモットミントなども使用するとおもしろい味わいになる。

2. ミントをペストルでつぶす時、少量のソーダ(約10ml)も加えるのはよりミントのエキスを抽出するためである。

3. 後からライムを加えるのはあまりライムをつぶしすぎると皮からえぐみが出るからである。又、あくまで目安だが、つぶした時に出るライムの果汁とシュガーシロップの分量は同量くらいだとバランスがよい。果汁があまり出ない場合には、ライムジュースを補てんするとよい。

4. 味わいについては、クラッシュドアイスでかなり冷やすために多少甘めにしておくくらいが丁度よいだろう。

Standard Arrange Cocktail 45

Gin fizz
ジンフィズ

タンカレー（ジン）	30 ml〜45 ml
レモンジュース	12〜15 ml
シュガーシロップ	10 ml
レモンスライス（薄め）	2枚
ソーダ	適量
トニックウォーター	適量

1. 左記の材量（ソーダトニックウォーター以外）をシェーカーに入れシェークして、氷を入れたタンブラーに注ぐ。
2. ソーダ・トニックウォーター半々でupする。
3. 飾り用のレモンスライス(分量外)を入れる。

・ポイント・

1. シェーカーの内にレモンスライスを入れてシェークすることにより、レモンの香りがかなり出る。しかしそれと同時に皮の渋みも出ることになるので、シュガーシロップを多めに加えバランスを取ることが必要だろう。甘味を加えることにより渋みを抑えてコクを出すことが出来る。又 ソーダとトニックを半々でupするのもバランスを取るための方法である。
2. 出来上がりの味わいはレモンスカッシュのような味わいになるので、かなり飲みやすくなる。
3. 仕上げにレモンピールを振りかけると、さらに清涼感が増す。

Standard Arrange Cocktail

Glass Hopper
グラスホッパー

ホワイトカカオリキュール(モーリン)	20 ml
ミントリキュール	20 ml
生クリーム	20 ml
スペアミント又はペパーミント	5枚

・ ポイント ・

茶こしで漉してカクテルグラスに注ぐと、キメが細かく口あたりのよいカクテルになる。又、シェーカーの中にスペアミントの葉、又はペパーミントの葉を入れることにより清涼感が出る。

1 左記の材量をシェーカーに入
 れ、シェークして茶こしで漉
 してカクテルグラスに注ぐ。

2 仕上げにチョコレートをナイフで削って、
 表面に乗せる。
 ※ここがポイント!
 チョコレートの甘い香りがミントの葉を入
 れたことにより清涼感を際立たせてくれる。

Sidecar
サイドカー

ブランデー(フラパンVSOP) ……………… 40 ml
コアントロー ……………………………………… 10 ml
レモンジュース …………………………………… 10 ml

上記の材量をシェーカーに入れ、シェークして茶こしで漉してカクテルグラスに注ぐ。

— ポイント ·

茶こしで漉してカクテルグラスに注ぐことにより、氷片を取り除き口あたりのよいカクテルとなる。ブランデーベースやウイスキーベースのカクテルは、氷片がない方がバランスのよいカクテルになることが多い。又出来上がりの見た目も、白い泡の膜が張っているようで美しい。

ベースのブランデーにフラパンのような繊細な味わいのものを使用する場合は、レモンジュースとコアントローは少なめにするとバランスがよくなる。逆にヘネシーなどの味の濃いものを使用する場合は、レモンジュースとコアントローを15mlずつ入れてもよい。

Martini

マティーニ

ロンドンヒル	45 ml
ノイリープラット	15 ml
オリーブ	1個

1. ミキシンググラスに氷を入れ、水で氷の角を取り水を切る。

2. 左記の材量を手早く1に入れ、カクテルグラスに注ぐ。

3. オリーブをカクテルグラスに入れ、レモンピールを振りかける。

ポイント

1. ジンとドライベルモットの組み合わせは、へたをするとえぐくなることがある。

2. マティーニはジンとベルモットのカクテルだが、それだけではおいしいマティーニにはならない。水っぽいカクテルはダメだが、多少の水はジンとベルモットをつなげるのには必要だと私は思う。私はいろいろ試した結果、氷が8ml程度とけた時がバランスがよいと考えている。

3. ステアで製作するカクテルで1番重要なのは、氷の組み方だと思う。私は下の写真のように6個くらいの氷を組み合わせて使う。

> バーテンダーを15年やってきて私が一番難しいと思うカクテルはマティーニだ。自分の納得のいくマティーニを作るために、かなりのジンとベルモットの組み合わせを試した結果、ロンドンヒルとノイリープラットに行きついた。

Standard Arrange Cocktail

Moscow Mule
モスコミュール

自家製しょうがウォッカ	30 ml ～ 45 ml
ライムジュース	10 ml
ライムシャット	1/8 個
ウイルキンソンドライジンジャーエール	適量

銅製のマグカップに氷を入れ、上記の材量を入れ軽くステアする。

― ポイント ―

1 自家製しょうがウォッカの作り方は、しょうがの皮をむいた後にかつらむきのようにむいていき、中心部以外を好みのウォッカに漬け込む。私はスミノフ40°を使用している。

2 ウイルキンソンのドライジンジャーエールの味が濃い場合には、普通のジンジェーエールやトニックウォーターとブレンドするとよい。

3 モスコミュールはぜひ銅製のマグカップを使用してもらいたい。銅は熱の伝導率がよく、モスコミュールのさっぱりとした味わいにぴったりだと思う。

Frozen Daiquiri
フローズンダイキリ

ホワイトラム	40 ml
ライムジュース	1 tep
コアントロー	1 tep
シュガーシロップ（カリブ）	10 ml
スペアミント又はペパーミント	5枚

1 左記の材量をブレンダー（ミキサー）に入れる。

2 クラッシュドアイスを加え、ブレンダーをまわして大ぶりのカクテルグラスに注ぐ。

3 ライムスライス・ミント（分量外）・ストローを飾る。

ポイント

1 ブレンダーの内にミントの葉を5枚ほど入れることにより、仕上がりが薄いグリーンになり味わいも清涼感も増す。

2 フローズンカクテルを作る時のコツは、使用するクラッシュドアイスは直前まで冷凍庫でしめているものを使用する。（少量で固まるため）又、ブレンダーをまわす回数が少ないと、ザラついた舌ざわりの荒いカクテルとなるので多めにまわす必要がある。

White Lady
ホワイトレディー

オレンジフレーバージン（ブルームズベリー）	30 ml
コアントロー	15 ml
レモンジュース	15 ml

1. 上記の材量をシェーカーに入れて、シェークしてカクテルグラスに注ぐ。
2. 仕上げにオレンジピールを振りかける。

> ホワイトレディーの魅力はさっぱりとした味わいにある。又、味だけでなくシェークする時に出る氷片の食感も1つの魅力だと思う。しかし氷がとけて水っぽいカクテルとなる危険もあるので、シェークには冷凍庫から出したての固くしまった氷を使用するとよい。

ポイント

ブルームズベリーのオレンジフレーバージンとの出会いで、まちがいなく私のバーテンダーの幅がひろがったといえる。ぜひこのレシピで試していただきたい。

Long Island Ice Tea
ロングアイランドアイスティー

ジン	10 ml
ウォッカ	10 ml
ラム	10 ml
テキーラ	10 ml
コアントロー	10 ml
レモンジュース	10 ml
シュガーシロップ	1 tep
コーラ	適量

1 左記の材量（コーラ以外）をブレンダー（ミキサー）に入れる。

2 クラッシュドアイスを加え、ブレンダーをまわしてタンブラーに注ぐ。

3 2にコーラを加え軽くステアする。

4 飾り用のレモンスライス・ストローを入れる。

ポイント

1 通常はフローズンカクテルではないが、コーラ以外の材量をフローズンカクテルにすることにより、より飲みやすいカクテルとなる。

2 コツはフローズンの部分を少々固めに作るとよい。

Daiquiri
ダイキリ

バカルディーブラック	45 ml
シュガーシロップ（カリブ）	1 tep
ライムジュース	15 ml
スペアミント又はペパーミント	2枚

上記の材量をシェーカーに入れ、シェークしてカクテルグラスに注ぐ。

・ ポイント ・

バカルディーブラックをベースにすることにより、普通のダイキリよりコクが増す。同時にミントの葉をシェーカーに内に入れてシェークすることにより、清涼感が増す。

コクを「＋」とするなら清涼感は「－」と考える。カクテルはバランスが大事なので「＋」「－」のバランスが、どのようなカクテル作りにも大事だと思う。

このカクテルのレシピが、私のカクテル創作の基本となっていると言っていい。

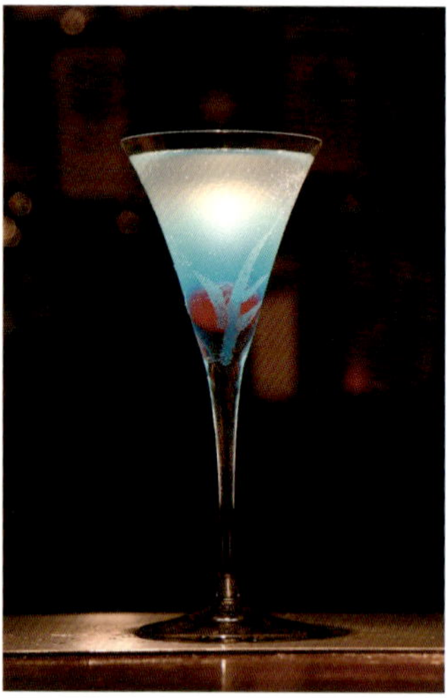

第 4 章

ROB ROY
オリジナルカクテル

赤富士
ストロベリーフェスタ
エルカミーノ
フォレストヴォイス
アンドラ
心海
シトラスウインド
おつかれカクテル

Red Fuji
赤富士

柚子リキュール(ドーバー)	20 ml
フレッシュグレープフルーツジュース	20 ml
チェリーヒーリング	10 ml
梅シロップ(ポッカ梅焼酎用梅)	10 ml

1　カクテルグラスを、梅シロップと塩でコーラルスタイルにする。

2　シェーカーを2つ用意して1つ目に柚子リキュール・フレッシュグレープフルーツジュースを入れ、2つ目にチェリーヒーリングと梅シロップを入れる。

3　1のカクテルグラスに1つ目のシェーカーをシェークし、注ぐ。次に2つ目のシェーカーもシェークし、静かに注ぐ。

　赤富士は私が21才の時の作品だった。それから10年、たくさんのオリジナルカクテルを作ってきたが、今でも店で一番の人気はこの赤富士だ。うれしい半面、いつまでもこの作品以上の作品が作れないことがくやしくもある。

　経験も実績もない時だったが、その分1つのカクテルに対する熱意はあったように思う。何度試作しても思うようなカクテルにならなくて悩んでいた時に、学生の時からの親友が私の仕事が終わるのを待って、いきなり車に乗せて何処かへ連れ去った。行き先は富士山だった。今でもその時の景色は忘れられない。グラスのふちに塩で作った小さな山は湖に映った富士山で、グラスいっぱいには雄大な富士山をイメージして創作した。

　1番の思い出のカクテルであると同時に、これからも目標のカクテルでもある。今でも仲良くしてくれている親友に「ありがとう!」と言いたい。

Strawberry Festa
ストロベリーフェスタ

ストロベリーリキュール	…………	15 ml
ヨーグルトリキュール	…………	15 ml
オレンジジュース	…………	15 ml
生クリーム	…………	15 ml
メイプルシロップ	…………	1 tep

1. シェーカーを2つ用意して、1つ目にストロベリーリキュール・ヨーグルトリキュール・オレンジジュースを入れ、2つ目に生クリーム・メイプルシロップを入れる。

2. カクテルグラスに1つ目のシェーカーをシェークして注ぐ、次に2つ目のシェーカーをシェークして、静かに注いでフロートする。

3. 表面にチョコレートソースで模様を描く。

── ポイント ──

1. 2つ目のシェーカー（生クリーム・メイプルシロップ）をシェークしてカクテルグラスに注ぐ時に茶こしで漉すと表面のキメ細かくなり、チョコレートソースの模様がきれいに出る。

2. チョコレートソースのデコレーションは下記の手順で行う。

カクテルピンやつまようじを使う

初めて技能競技大会の全国大会に出場してベストテイスト賞をいただいた作品。手間はかかるがデザートカクテルとして出すとお客様から好評をいただいている。

ROB ROY Original Cocktail

El Camino
エルカミーノ

シェリー（アモンティリャード）	20 ml
シェリー（クリーム）	10 ml
ジンジャーワイン	20 ml
コアントロー	10 ml
ライムジュース	1 tep

1. ミキシンググラスに氷を入れ、水で氷の角を取り水を切る。
2. 上記の材量を手早く1に入れ、ステアしてカクテルグラスに注ぐ。
3. ライムピールをツイストして、グラスのふちにかける。

　エルカミーノとはスペイン語で「道」という意味がある。

　私が26才の時の作品だが、このカクテルを創作するまでの私の作品は、フルーツのリキュールを多く使用するような非常にフルーティーなカクテルが多かった。

　しかし、それでは自分の味覚に合うお客様にしか対応が出来ないと悩んでいた時期でもあった。

　ある日お客様からこんなオーダーをいただいた。「バンブーより味わいが深く、6杯のカクテルを飲む時の4杯目に飲むもので、スーと入ってくるカクテル」

　バンブーとはドライシェリーとドライベルモットで作る名作である。何回もそのお客様にいろいろなカクテルを出したが、合格はなかなか出なかった。そしてやっと出来上がったのがこのカクテルだ。

　バーテンダーとして悩んでいた時に新しい道が見えた瞬間でもある。その意味を込めて「道」という意味のエルカミーノと名づけた。

　この作品を創作するにあたり、協力してもらったわがままで愛すべきお客様に心から感謝している。

　「ありがとう！」

Forest Voice
フォレストヴォイス

バカルディーホワイト	10 ml
グリーンバナナリキュール	15 ml
ヨーグルトリキュール	15 ml
パイナップルジュース	15 ml
キャラメルシロップ	5 ml

1. 左記の材量をシェーカーに入れシェークしてカクテルグラスに注ぐ。
2. マラスキーノチェリー、レモンピール、スペアミントをグラスのふちに飾る。

2005年に私が初めて世界大会に出場した作品。結果は準優勝あと一歩だったが、技術の点が1位ということだったのでプレッシャーの中ベストはつくせたと思う。

今でもその時に出会った海外バーテンダーの仲間と交流があり、よい思い出しよい経験だった。チャンスをくれた全ての方に感謝したい。

ポイント

デコレーションは下記のように作る。

レモンの皮をむく。

下記のようにレモンの皮をカットする。

皮の白い部分を取り除く。

カットしたレモンの皮とスペアミント、マラスキーノチェリーをグラスのふちに飾る。

ROB ROY Original Cocktail

Andorra
アンドラ

ドライシェリー	40 ml
シャルトリューズジョーヌ	10 ml
ピーチシロップ	10 ml
バルサミコ酢	1 dash
パールオニオン	1 個

アンドラとは、スペインとフランスの間に位置する、国家として成立して間もない国で、国民も元スペイン人と元フランス人の半々で成り立っている。
　スペインの代表的なお酒のシェリーと、フランスの伝統的なリキュールのシャルトリューズを使用したので、このネーミングとなった。

1 カクテルグラスのふちをレモンでリムド（ぬらす）する。

2 パールオニオン以外の材料をシェーカーに入れ、シェークする。

3 シェーカーに注ぐ際に、茶こしで漉して氷片を取り除く。

4 パールオニオンをガーニッシュとして、カクテルピンにさして入れる。

このカクテルを創作した時に1番むずかしかった点は、ドライシェリーに酸味（レモン・グレープフルーツなど）を入れると味のバランスがくずれるという所だった。

しかし、まったく酸味が入りないと味にしまりがなくなってしまう。そこで考えたのが、バルサミコ酢の使用である。

それだけでは足りなかったので、カクテルグラスのふちをレモンでリムド（ぬらす）することやパールオニオンをガーニッシュとして取り入れることで、ドライシェリーのカクテルの問題点をクリアした。

2006年に創作したカクテルだが、ここ近年の作品の内では1番気に入っているカクテルだ。

ROB ROY Original Cocktail

Sentimental Sea
心海

オレンジフレーバージン（ブルームズベリー）	30 ml
ピーチリキュール（モーリン）	10 ml
レモンジュース	10 ml
パルフェタムール	5 ml
ブルーキュラソー	5 ml

1. グラスにブルーキュラソーと塩で、筆を使い絵を書く。

2. シェーカーを2つ用意して、1つ目のシェーカーにオレンジフレーバージン・ピーチリキュール・レモンジュースを入れ、2つ目のシェーカーにパルフェタムール・ブルーキュラソーを入れる。

3. 1のカクテルグラスに、1つ目のシェーカーをシェークし注ぐ。次に2つ目のシェーカーもシェークして静かに注ぐ。

4. マラスキーノチェリーを沈める。

ポイント

グラスのデコレーションは下記の手順で作る。

デコレーションに使うブルーキュラソーだが、手鍋などに入れ火にかけて多少煮つめてから冷やし、使用すると濃度が高くなり使いやすくなる。

心海は私が26才の時の作品で、若手の大会であるジュニアカクテルコンペティションから、先輩方の出場していた技能競技大会に初出場した時の作品になる。

ダブルシェークやグラスに絵を書くなど、自分らしい作品を創作しようと思い作った作品である。

Citrus Wind
シトラスウィンド

レモンフレーバージン（ブルームズベリー）	40 ml
チャールトンブルー	10 ml
グリーンアップルシロップ	10 ml
レモンジュース	1 tep

1. 左記の材量をシェーカーに入れシェークしてカクテルグラスに注ぐ。
2. レモンピールを振りかけ、香りをつける。
3. レモンピールとスペアミントをグラスのふちに飾る。

ポイント

1 アルコール度数が強いので、ハードシェークをしてアルコールの角をとるようにする。

2 デコレーションはレモンの皮をむき、右記のようにカットする。

Healing Cocktail
おつかれカクテル

ピコン	20 ml
チナール	10 ml
オレンジジュース	30 ml
レモンジュース	1 tep

左記の材量をシェーカーに入れ、シェークしてカクテルグラスに注ぐ。

- ポイント -

1. リキュールベースなので、あまりハードシェークはしないほうがよい。
2. トニックウォーターを加えるとより飲み口がスッキリとする。

あとがき

　今までがむしゃらにバーテンダーとして勉強してきましたが、現在は若いバーテンダーを育てるという役職を各団体や会社でいただいています。非常にありがたいと感じると共に責任も感じております。

　この本を書く事により、日々何気なく作っているカクテルをより深く考えるようになりました。

　以前、先輩に言われていたひと言に「人に教えるという事は自分が2度目に教わる事だ」という言葉がありました。

　このひと言をまた改めて実感する機会となりました。

　また、1つのカクテルにはさまざまな人とのつながりがある事も改めて思い出しました。

　コンクールに出した思い出のカクテル、お客様に厳しくも温かいご指導をいただいたスタンダードカクテルなど、私1人で作り上げたというより、お客様やお店のスタッフやバーテンダー仲間とほとんどのカクテルを作り上げてきました。

　バーテンダーという仕事を通じてたくさんの方と知り合い、たくさんの思い出を作ることが出来ました。

　学生時代からあまり人に自慢できる事が無かった私ですが「バーテンダーになってよかったと」改めて感じています。

これからバーテンダーを始める方、バーテンダーを始めて間もない方にとって、この本が有益に活用される事と、皆さんが私と同じようにバーテンダーという仕事を通じてたくさんの人と出会い、良い経験をしてくれることを願っています。

　最後になりましたが、この本を出版するにあたりご指導をいただきました土井利国様、雄山閣の宮田様、長坂様、また今まで数々のご指導いただきましたお客様、バーテンダースクールの先生方、NBAの先輩方、酒屋さん、氷屋さんなどの全ての業者の皆さんに、この場をお借りしまして心から御礼申し上げます。これからも宜しくお願いいたします。

　若手のバーテンダーの皆さん、私も皆さんに負けないようにもっと勉強します。一緒に勉強していきましょう！

坪井吉文

Bar ROB ROY 本店

住　所：千葉県市川市南八幡 5-12-14　ジュネス酒井
ＴＥＬ：047-378-6560
OPEN：夜 7:00 〜 翌朝 4:00（日・祝日は〜翌朝 3:00）
席　数：10
予　約：可能
交　通：JR 総武線・都営新宿線 本八幡駅から徒歩 10 分

Kitchen Bar ROB ROY

住　所：千葉県市川市南八幡 4-15-17　桝屋ビル 2F
Ｔ Ｅ Ｌ：047-377-7866
OPEN：夜 6:00 〜 翌朝 4:00
席　数：25
予　約：可能
交　通：JR 総武線・都営新宿線 本八幡駅から徒歩 3 分

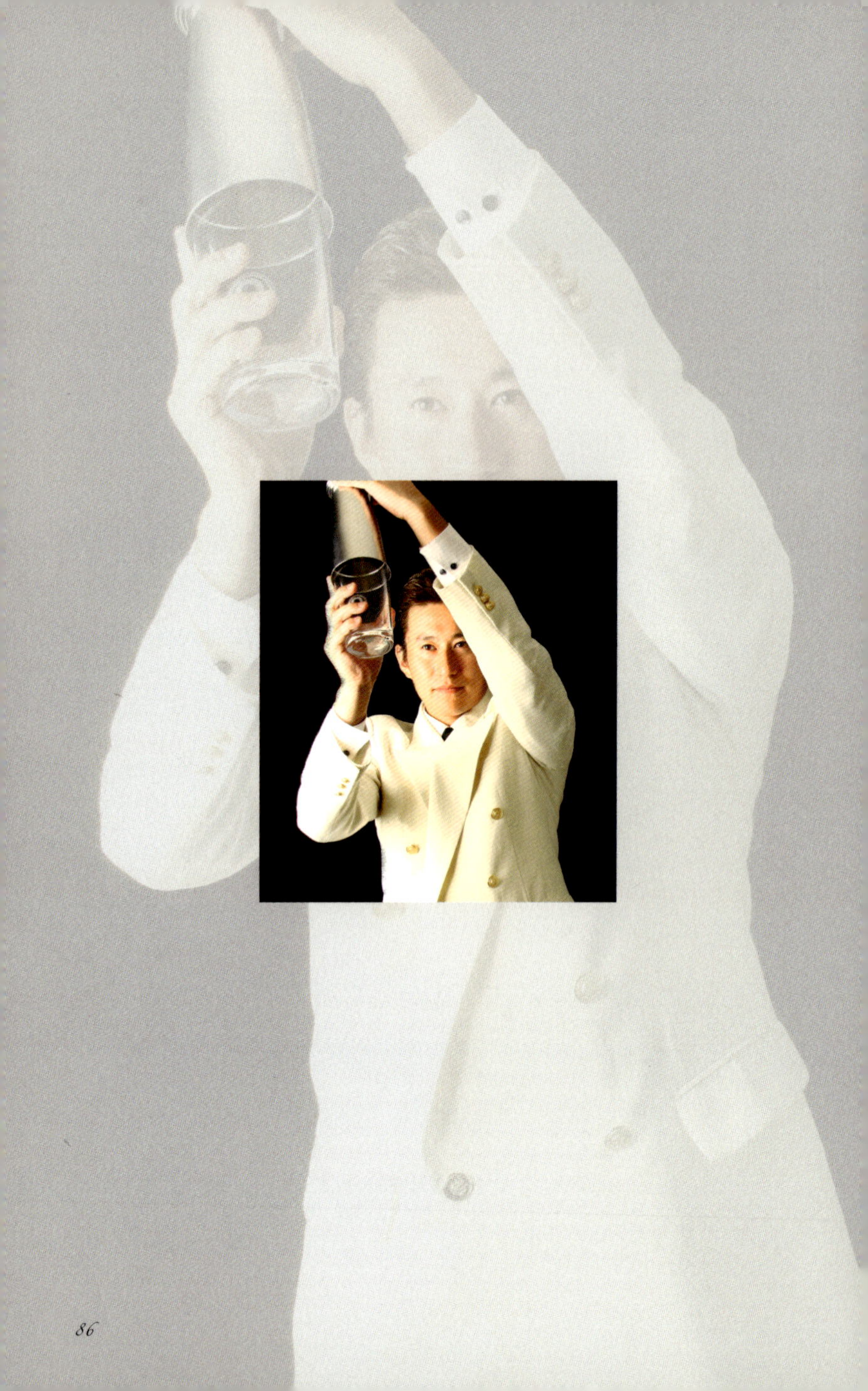

著者紹介

坪井吉文（つぼい・よしふみ）

広島県豊田郡出身
1996 年　[BAR ROB ROY] 開業
1998 年　ジュニアカクテルコンクール関東大会
　　　　　グランプリ
2003 年　NBA 全国バーテンダー技能競技
　　　　　関東本部大会ベストテクニカル賞
2005 年　NBA 全国バーテンダー技能競技
　　　　　全国バーテンダー技能競技大会 ベストテイスト賞
2005 年　 International Cocktail Competition（台湾）
　　　　　準優勝

学校法人 中村学園 国際トラベル＆ホテル専門学校講師
社団法人日本バーテンダー協会千葉支部支部長
(株) 坪井プランニング 代表取締役
現在は直営の飲食店の他、BAR 中心の飲食店十数件をプロデュースしている。

BAR ROB ROY （バー ロブ ロイ）
ニューウェーブ カクテル テクニック

2008 年 6 月 20 日　初版発行　　　　　　　　《検印省略》

著　者　　坪井吉文（つぼい・よしふみ）
発行者　　宮田哲男
発行所　　株式会社 雄山閣
　　　　　〒102‐0071　東京都千代田区富士見 2‐6‐9
　　　　　TEL 03‐3262‐3231 (代)／FAX 03‐3262‐6938
　　　　　URL http://www.yuzankaku.co.jp
　　　　　E-mail info@yuzankaku.co.jp
　　　　　振替：00130‐5‐1685
デザイン　　石井ゆき子〈シャルード　http://sharrood.com〉
撮　影　　熊倉徳志
印　刷　　あかね印刷工芸社
製　本　　協栄製本

©Yoshifumi Tsuboi　　　　　　　　　Printed in Japan 2008
ISBN 978‐4‐639‐02051‐6　C 2077